EUG. BORREL

ÉTUDE ETHNOGRAPHIQUE

SUR

LES YURUKS

Par le Dr M. Tchakyroglou

Traduite par

PAUL ZIPCY, Interprète-Auxiliaire

au Consulat Général de France à Smyrne

ATHÈNES

1891

8° O² a
574

ÉTUDE ETHNOGRAPHIQUE

SUR

LES YURUKS

PAR LE Dr M. TCHAKYROGLOU

Traduite par

PAUL ZIPCY, INTERPRÈTE-AUXILIAIRE

au Consulat-Général de France à Smyrne.

ATHÈNES

1891

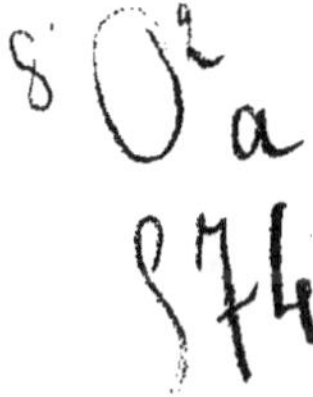

PROLOGUE

—

Nul pays n'a subi de plus nombreuses et profondes transformations ethnographiques que l'Asie-Mineure, ce point du globe qui semble avoir été le berceau de l'humanité et le foyer d'où s'est répandue la vie intellectuelle.

Si nous parcourons l'histoire, nous y rencontrons toute une longue série de peuples qui ont simultanément ou successivement habité cette contrée jusqu'aux dernières invasions qui ont livré le pays aux Ottomans.

Parmi ces derniers, on rencontre tout une série de tribus nomades, dont l'existence est un phénomène difficile à saisir et à expliquer, ce sont les Yuruks.

Plusieurs voyageurs, des orientalistes ont essayé d'étudier ce petit peuple intéressant, mais son existence nomade, ses mœurs singulières, ses nombreuses ramifications qui s'étendent dans une grande partie de l'Asie-Mineure, rendent cette étude ethnographique difficile et même incomplète.

Aussi ce n'est pas sans peine que M.M. Tchakyroglou, docteur en médecine, a pu recueillir, durant son séjour de trois ans à Koula, des documents précieux sur les Yuruks qu'il a publiés en grec dans une brochure intitulée Etude ethnographique sur les Yuruks.

C'est à la bienveillance de l'auteur que nous devons de pouvoir aujourd'hui livrer au public une traduction de son ouvrage.

Nous espérons que ces documents ethnographiques dont l'intérêt devient de plus en plus actuel par nos rapports avec les populations de l'intérieur, recevra le bienveillant accueil du public.

I

LES YURUKS

Les Yuruks forment des peuplades nomades dont l'origine se confond avec celle des autres Ottomans vivant dans l'Asie-Mineure. On les trouve répandus dans les provinces (vilayets) d'Angora, de Sivas, d'Iconium, d'Adana, d'Aïdin et de Hudavindighiar.

Le Turc actuel de l'Asie-Mineure est sans contredit étranger au pays et d'origine turcomane.

A son tour, la race turcomane s'est mélangée à des éléments provenant des races aryennes et sémitiques et a produit la race actuelle des Ottomans.

Celle-ci a perdu son caractère originel par son mélange avec l'élément grec, arménien, laze, caucasien et sémitique.

En Caramanie seulement où le peuple seldjoucide s'est répandu plus nombreux le type turc s'est conservé plus pur ainsi que son idiome.

Riegler dit qu'à la suite des nombreux croisements, à travers les âges, de la race turque avec des races étrangères, les traits caractéristiques de ce peuple ont subi d'importants changements.

Ainsi, on trouve parmi eux des individus d'une laideur frappante, et l'on arrive à rencontrer graduellemeut les types les plus beaux, offrant des traits d'une régularité achevée: un crâne parfaitement rond, un front élevé, une ossature délicate, un nez régulier, des yeux vifs et petits, un menton saillant, une chevelure noire. On rencontre même des Turcs blonds et roux.

Tel est le caractère physique du Turc de l'Asie-Mineure, qui se distingue facilement et surtout par sa mise des autres habitants des villes du Levant ; il évite tout ce qui peut donner lieu de sa part à l'imitation. Quoique l'Osmanli, parlant la même langue et pratiquant la même religion, soit parvenu à unifier son élément national, il n'a pas encore réussi à englober dans sa masse le fier et indomptable Yuruk qui se prévaut de son origine, s'estimant supérieur aux Turcs qui vivent à ses côtés. Ce dernier entend même à sa façon l'islamisme et conserve un caractère national particulier.

Le Yuruk a généralement la tête grande, le visage rond, un front développé, des joues larges, un menton saillant, des yeux longs sans être obliques. Il a la peau brune, la chevelure noire ou châtain, une forte charpente osseuse, une taille médiocre. En un mot, le Yuruk ressemble au Turcoman de l'Asie centrale dont il est le descendant. Toutefois il diffère du Turc de la province d'Azerbadjan (1), de l'Iran.

Le Nomade de l'Asie-Mineure invoque avec satisfaction son origine persane dont il se flatte, mais il ne se rappelle plus qu'il porte dans ses veines du sang turcoman.

Seuls, les Turcomans d'Iconium et de l'Olympe Bithynique n'ont pas oublié cette parenté.

Dix siècles se sont écoulés depuis la première apparition des hordes turcomanes en Asie-Mineure.

Les Byzantins les nommèrent tout d'abord au neuvième siècle, Pétchénègues ; au dixième, Yuzi ; au onzième, Seldjoukes ; et vers le treizième, Turcomans ou Turcs.

Depuis cette époque, quelques-unes, de ces tribus Yuruks vivaient déjà de la vie nomade qu'ils ont conservée, chose singulière, jusqu'à nos jours.

Le gouvernement ottoman a essayé depuis quelques années de mettre un terme à cette vie errante.

____

(1) Azerbadjan (terre de feu) l'ancienne Atropatène.

Des ordonnances draconiennes ont été lancées contre ces Nomades; il ne s'agissait pas moins que de détruire leurs tentes, d'empêcher l'émigration par tous les moyens, et de les obliger à renoncer à leur unique occupation, l'élevage du bétail, pour s'adonner à l'agriculture.

Le Nomade s'est soumis non toutefois sans gémir. Mais le bétail a souffert, dans plusieurs localités, de la maigreur du sol. Aussi les autorités locales se sont-elles vues contraintes de donner de nouveau aux Yuruks l'autorisation d'émigrer, de transporter leurs troupeaux dans des lieux favorables à l'élève du bétail.

En certaines localités la force armée a dû intervenir contre les Yuruks. Le gouvernement ottoman a été obligé d'envoyer dans le vilayet d'Adana des troupes commandées par Djévded Pacha pour forcer les Yuruks, qui avaient pour chefs très puissants Kazanoglou et Kutchuk-Alioglou, de s'établir d'une manière permanente dans une localité.

Sous le règne des Seldjoucides d'Iconium et des premiers émirs turcs, Osman et Orkhan, les Yuruks avaient, en vertu de firmans, des droits de pâturage sur des plateaux déterminés.

L'époque où les Turcomans reçurent le nom de Yuruks n'est pas connue. Mais il est certain que ces derniers sont les descendants directs des Turcomans. En effet, les tribus nomades de l'Asie-Mineure ont les mêmes noms que celles du Turkestan. De plus, elles parlent la même langue, ont les mêmes mœurs, les mêmes usages et construisent leurs tentes d'après le même modèle.

Les Ottomans, suivant M. Vambéry, partagent cette opinion sur l'origine des Yuruks ; ceux-ci d'ailleurs affirment eux-mêmes cette origine.

Ces tribus nomades portent trois noms distinctifs : Yuruk (1), Gueutchébé (2) et Turkmen. Le mot Yuruk signifie *qui marche* et équivaut exactement à nomade. Gueutchébé a la même signification, et se dit surtout du nomade en marche. La dénomination Turkmen s'applique particulièrement à des tribus confinées dans l'Olympe Bythinique, entre Dinèr et Iconium; elles se retrouvent aussi dans le vilayet de Sivas et même dans l'île de Chypre.

----

(1) Yurumék : marcher.
(2) Gueutchmék : changer de demeure.

II

TRIBUS

Il est difficile de rechercher et de décrire les diverses branches et tribus qui ont formé le peuple turc. Plus ce peuple, dans ses invasions vers l'Occident, est devenu fixe et a modifié son genre de vie, plus aussi il a rompu avec les premières tribus auxquelles il appartenait et dont plusieurs ont disparu. Le nom seul de ces dernières est mentionné chez les anciens écrivains turcs.

Par contre, chez toutes les tribus nomades, les noms des tribus d'origine turque, persane et arabe se sont conservés intacts, et les nomades se font gloire de les rappeler et de les employer dans l'occasion.

Le nombre des tribus nomades s'élève, d'après M. E. Reclus, à cent environ. M. Vambéry ne cite que le nom de quelques-unes d'elles. Suivant M. Tchakyroglou, il y en a plus de ce nombre.

Il ne faut cependant pas comprendre dans cette énumération les Kurdes vivant au milieu des Yuruks, ni les Nogais, Tartares de Crimée, ni les Afsares de l'Antitaurus qui sont, d'après quelques ethnographes, originaires du Khorassan, et d'après MM. Reclus et Carolidis, les descendants de Grecs devenus Turcs.

Voici les noms des tribus qui campent dans l'Asie-Mineure et dont M. Tchakyroglou a pu recueillir les noms dans ses voyages et par l'intermédiaire de personnes compétentes :

Les 21 tribus suivantes habitent le Nord-Est de la province d'Aïdin.

1º Les **Anamazli** (peut-être mieux Amanousli, du nom de la montagne Amanous en Cilicie.) Cette tribu campe, hiver et été, dans le Kaza (district) de Démirdji.

2º Les **Ahmetli,** dont une partie se trouve à Simav, dans les provinces de Brousse, et une autre, à Koula. Cette tribu s'adonne à l'agriculture.

3º Les **Gueukmousalı,** dans le Caza de Démirdji, au dessus du village d'Ichikler.

4º Les **Sihli,** passent l'été à Afioun-Carahissar, et l'hiver à Borlo.

5º Les **Kizil-Kétchili,** à Prinar-Gueuv, mudirlik (commune) de Sélenti (Koula).

6º Les **Narindjali,** dans le caza de Koula, entre Omour-baba-dagh et Dénizli.

7º Les **Séitli,** dans le caza de Koula.

8º Les **Tcharik,** idem.

9º Les **Aldji,** dans les environs d'Attala jusqu'à At-alan.

10° Les **Katchar**, grande et importante tribu qui campe entre Sirghé et Allachéhir, et s'étend vers le Sud jusqu'à Nazli.

11° Les **Kara-Tékéli**, grande tribu campant en hiver dans les environs de Smyrne.

12° Les **Ivatli**, dans les environs de Karnéït ; toute cette tribu est émigrante.

13° Les **Farsak**, la tribu la plus noble et la plus riche, répandue dans toute la province d'Aïdin.

14° Les **Tchakal**, dans le sous-vilayet du Saroukhan.

15° Les **Hourzoum**, dans les vilayets de Brousse et d'Aïdin.

16° Les **Monavli**, particulièrement entre Allachéhir et Salikli.

17° Les **Saradj**, entre Ouchak et Esmé.

18° Les **Sari-Tékéli**, entre Nazli et Dénizli. Ils s'étendent jusque dans la province de Brousse.

19° Les **Kobak**, près de Soma.

20° Les **Yagdji-Benderli**, près de Soma et dans la province de Brousse.

21° Les **Arapli**, près de Salikli jusque dans la province de Brousse.

Les 23 tribus suivantes dans le Sud-Ouest de la province d'Aïdin et ailleurs.

22° Les **Dosouti-Arapli**.

23° Les **Dédé-Karkinli**, dans le sous-vilayet du Saroukhan.

24° Les **Emir-Haridji**, idem.

25° Les **Harmantali**, tribu renommée pour la confection de ses tapis.

26° Les **Inédji**, dans le Saroukhan.

27° Les **Mousalarli**, idem.

28° Les **Kizlilerli**, *idem*.

29° Les **Allah-Ampéli**. 30° Les **Keïkel**. 31° Les **Ak-Cozali**.

32° Les **Tchipni**, nommés officiellement Tchitmi, très connus et fort répandus dans toute la province d'Aïdin.

33° Les **Mouzan**, dans la province de Brousse.

34° Les **Karayagdjili**. 35° les **Beylikli**.

36° Les **Aptal**, à Borlo et dans d'autres localités.

37° Les **Alladja-Koyounli**, jusqu'à Iconium.

38° Les **Boïnou-Indjéli**. 39° les **Sari-Indjéli**.

40° Les **Yataghanli**, près de Kirkagadj.

41° Les **Bourkhan**, dans la province de Brousse.

42° Les **Kilaz**.

43° Les **Saadji-Karali**, près de Nazli. 44° Les **Ak-Dahli**, idem. 45° Les **Keusséler**, idem. 46° Les **Tékéli**, idem. 47° Les **Djérid**, idem. 48° Les **Guzel-Beyli**, idem. 49° Les **Caramanli**, entre Nazli et Sparta.

50° Les **Gueurénezli**, de Nazli à Mougla.

51° Les **Gueuzdji**, à Nazli.

52° Les **Kizil-Ichikli**, dans la province de Brousse.

53° Les **Tchambar**, dans les deux provinces de Smyrne et de Brousse.

54° Les **Dérédji**, idem.

55° Les **Khodja-Beyli**, idem.

56° Les **Kara-Fakoglou**, idem.

57° Les **Guel-Alenti**. 58° Les **Kirtis**. 59° Les **Taz-Evli**. 60° Les **Eski-Yuruk**. 61° Les **Téradji**. 62° Les **Hartal**. 63° Les **Rahman**. 64° Les **Euzbek**. 65° Les **Omourlou**.

Les 7 tribus suivantes se rencontrent principalement dans la province d'Iconium.

66° Les **Turkmen**. 67° Les **Piroglou**. 68° Les **Rizvan**. 69° Les **Tapanli**. 70° Les **Terkiani**. 71° Les **Dourgout**, tribut mongole, importante.

72° Les **Roumli** ou mieux **Ouroumli**, de la ville d'Ourmiah, province d'Azerbadjan.

73° Les **Berber**. 74° Les **Sirkéli**. 75° Les **Karsant**. 76° Les **Ménémendji**. Ces quatre tribus ne se trouvent que dans la province d'Adana.

On peut ajouter aux tribus précédentes celles qui suivent : Les Zéïbekli, les Tarazli, les Kalabak, les Tchembérékli (Kurdes), les Imrazli, les Kétchili, les Barakli, les Mersinli, les Djaban et les Karantirlik. Chacune de ces tribus prend le nom d'Achiret et se subdivise en Hambéli ou mahalé (quartiers).

Ainsi les Sihli se subdivisent en Arpasikli, Kesasihli, Hadjisihli et en sept autres hambéli.

Les Katchar se partagent en mahalé: Koula-Katcharli, Kélès-Katcharli, Ova-Katcharli. Les tribus avaient autrefois un chef nommé Chéik ou Bey. En 1880, le chef des Anamazli était Kadir-Bey, qui demeurait à Saradjik-Tchiflik, près du village de Yénidjé, de Borlo.

Celui des Sihli était le Chéik-Oglou Sélim efendi, athlète d'une force prodigieuse, séjournant en hiver à Borlo et se rendant en été sur le plateau d'At-alan, en face de Gueurdès. Ce séjour est ravissant : des zéphyrs fréquents et doux tempèrent la chaleur de la saison, et de cette altitude le regard jouit d'un panorame délicieux.

Le chef des Kizil-Kétchéli, Mehmet-Bey Dilikoglou était d'une grande hospitalité envers ses hôtes. Celui des Narindjali, Hassan-Bey, demeurait à Eningueul. En été il se transportait à Omour-Baba-Dagh.

Là sur ce massif escarpé, Hassan-Bey fixait sa tente et y campait tout l'été.

La cime de cette montagne est couronnée de rochers abrupts où les oiseaux de proie font leurs nids. A part cette demeure aérienne, il possédait encore un campement dans le ravin, au pied de la montagne.

Mais de récentes ordonnances du gouvernement impérial au sujet de l'habitat fixe des Yuruks a détruit le pouvoir et les droits dont jouissaient ces chefs ou Beys.

Les ressources que possèdent les différentes tribus sont variées ; elles sont inégalement distribuées. Les Anamazli possèdent 50 tentes, 70 étables et 16.000 bêtes. Ils payent au gouvernement un tribut de 15,000 piastres.

Les Ivatli n'ont que 22 tentes, tandis que les Sihli en ont environ 80 et 200 étables. Ces derniers payent au gouvernement 15.000 piastres.

Les Kizil-Kétchili possèdent 800 tentes, 60,000 bêtes et versent au gouvernement 60,000 piastres.

Les Kcuk-Mousali sont en possession de 50 tentes et d'autant d'étables ; les Seitli comptent 60 tentes. La tribu des Farsak, la plus considérable de toutes, se compose de 1200 familles.

Par suite du manque de statistique officielle et complète, le dénombrement de toutes les tribus Yuruks est difficile à faire.

Quelques ethnographes portent le nombre de Yuruks à 300.000 ; d'autres calculent seulement 200,000.

Ce qui est évident, c'est que le nombre des individus et des tribus diminue sensiblement, et si le gouvernement poursuit contre eux ses ordonnances sévères, la disparition de ces nomades est inévitable et prochaine.

Néanmoins, il faut ajouter que toutes les branches de cette famille ethnographique ne mènent pas une vie nomade. Plusieurs d'entre elles ayant rencontré des terres fertiles, ont préféré la culture du sol à la vie errante du chasseur et du bûcheron.

Par contre, les Yuruks livrés absolument à l'élevage du bétail, quittent au printemps leurs habitations (Kechla) et se transportent sur les plateaux (Iaïla), endroits favorables au bien-être de leurs bêtes.

Le Yuruk, qui a dans les veines du sang turcoman, établit, s'il le peut sa tente, comme ses ancêtres, non loin de l'étable, et il la quitte en été pour vivre complètement en plein air.

Ceux qui habitent à proximité des bois s'adonnent à la coupe du bois et ont reçu pour cette raison le nom de Tahtadji (bûcheron) qui ne désigne pas une tribu, mais le métier exercé. Néanmoins quelques nomades des environs de Soma, oubliant leur nom de caste, ont pris celui de Tahtadji-Achiréti, qui, dans ce cas, sert à désigner leur tribu.

Les Tahtadji, demeurant près d'Adana, s'appellent Noussaïris.

Quant aux Aptal, ils méritent une mention spéciale. Ils ont une grande analogie avec les Tziganes, Sales, déguenillés et vagabonds comme ces derniers, les Aptal subviennent à leurs besoins par les moyens les plus vils et les plus méprisables.

On rencontre même parmi eux des femmes à mœurs légères. Celles-ci, sous les dehors de la mendicité et pleines de dissimulation, tâchent par leurs chants de s'attirer la pitié publique.

Profitant d'une occasion favorable, elles s'adonnent souvent au vol et dérobent quoi que ce soit.

Les Aptal sont aussi nommés Tembér, et leur langage diffère beaucoup de la langue turque parlée par les autres nomades.

Leur stupidité et leur paresse sont proverbiales. Le quatrain suivant peut donner une idée de leur caractère apathique :

« Padishahda rahat olmaz.
Saltanat caïghi tchéker.
Ben déïchmém kianati.
Hircaï aptalima. »

« Nul repos n'existe pour le souverain. La gloire exige des peines et des fatigues, Quant à moi, je ne change pas mon vêtement d'Aptal contre tout l'univers. »

La tribu des Mouzan et celle des Keikghel sont aussi portées au vol que les Aptal. Mais ce penchant est encore plus fort chez les Tchipni, tribu nomade bien connue pour ses vols de bestiaux, son infidélité et ses méfaits.

Les Yuruks les plus actifs sont ceux des

tribus des Catchar et des Farsak qui exercent le métier de chameliers dans les diverses stations de nos chemins de fer. Ce service est bien organisé et il est inspecté par des intendants nommés Safran.

A part l'élève du bétail, l'agriculture et la coupe du bois, les Yuruks s'occupent aussi à la fabrication de tapis, particulièrement de l'espèce nommée Kilim. Parmi ces derniers les plus estimés sont les Kilim turcomans. Chaque tribu confectionne généralement des tapis qui ont la même grandeur et le même dessin, et chaque famille transmet à ses enfants le dessin qu'elle possède, et ainsi les jeunes filles apprennent très facilement le tissage sans le secours d'un modèle (eurnèk). En second lieu viennent les tapis des Harmantali et de Zili, estimés pour leur couleur et la beauté de leurs dessins.

Ce qui est d'une grande importance ethnographique, c'est que quelques-unes de ces tribus se retrouvent sous le même nom parmi les Turcomans de l'Asie-Centrale. Ainsi, les Narindjali se rencontrent parmi les Yomoutes ; les Kirtizes parmi les Salores ; les Tcharik, en grand nombre, parmi les Karakirghises ; les Séik et les Aptal parmi les Turcomans Tsaountoures.

Les Catchar de la Lydie, plus sauvages et plus fiers que toutes les autres tribus, ne le cèdent peut-être qu'aux Zéibeks du mont Messogis, et se flattent d'avoir donné le trône aux Schahs de Perse.

M. Tchakyroglou pense que d'autres tribus ont émigré bien avant, dont les noms ont disparu dans le cours des âges. Il tire cette conclusion de l'existence de certaines tribus qui vivent actuellement parmi les Turcomans dans l'Asie Centrale et qui portent les mêmes noms.

Ces dénominations sont aussi celles de certaines localités :

Ainsi **Ouchak** qui est le nom d'une ville du Sandjak de Kutahieh, désigne aussi celui d'une tribu vivant chez les Yomoutes.

Le village d'Ichikli, situé à dix heures d'Ouchak rappelle les Yuruks Kizil-Ichikli.

Tchikli est le nom d'une tribu que l'on rencontre parmi les Karakirghises.

Kizil-Kétchili est un village près d'Angora ; c'est aussi, comme nous l'avons vu précédemment, le nom d'une tribu nomade.

Kenghèr, village situé près d'Adalia, est habité par les Yuruks Masseurs qui guérissent les rhumatisants au moyen du massage (païpourlamak). C'est aussi le nom d'une tribu chez les Turcomans et les Turcs de l'Azerbadjan.

Odémish, village de la province d'Aïdin, est également le nom d'une tribu vivant dans les environs des Tékés de Merv.

Gun-tovtou, mot proprement turcoman, désigne un village près de Borlo.

Non loin de Magnésie du Sipyle se trouve la ville de **Torgoutlou-Cassaba** qui maintenant s'appelle tout simplement Cassaba. Cette petite ville prend ce nom, comme le dit Hadji-Calfa, dans sa géographie, le Djihan-numa, du nom de la tribu mongole Torgout dont Cassaba était le siège.

M. Chalcocondyle pense que le gouverneur de la Phrygie s'appelait Tourgout, comme étant le gouverneur de Tourgoutlou-Cassaba et de Magnésie. Ce nom est aussi celui d'une localité située près d'Angora.

Le nom d'Allachéhir, l'ancienne Philadelphie, offre une difficulté étymologique. On peut cependant faire dériver ce mot d'Alichèr, chef du Kermian, à l'époque des Seldjoucides, et il peut être ainsi rangé parmi les dérivés d'origine turcomane.

Le Djihan-numa dit aussi que la partie occidentale du Taurus s'appelle Farsak-Daghi, du nom de la tribu des Farsak.

Enfin le défilé d'une montagne près d'Ephèse, nommé **Alaman-boghaz**, tire son nom du turcoman : Alaman signifie bande, réunion d'hommes dans le but de voler et de piller. En effet cet endroit est fameux pour avoir été le repaire de brigands qui ont souvent ravagé les environs.

III

LANGUE

La langue des Yuruks est le turc vulgaire.
Il n'y a que les Aptal qui ont un dialecte
particulier.

Le Yuruk ne parle pas néanmoins la langue turque en usage dans les villes et par les
gens instruits, celle qui est formée du turc,
de l'arabe et du persan. Aussi, un musulman
autorisé a-t-il dit au docteur Tchakyroglou
que les Yuruks parlent le Djéradaï, corruption
du mot djagataï, désignant la langue parlée
au Hanat, et particulièrement le turc euzvék.

La langue parlée par plusieurs tribus a une
grande affinité avec celle des habitants de
l'Azerbadjan, dans l'Iran. Cette parenté est
surtout bien sensible dans le dialecte des
Farsak, comme le prouvent d'ailleurs les tra-
vaux philologiques de M. Vambéry.

Voici quelques mots du vocabulaire Yuruk:

Hassan-eng, ceux qui font partie de la maison de Hassan. Chin-Surdi, il a chassé. Chéu-
lik, femme, joie, allégresse. Kilik, spectacle.
Entik, chaussures. Bohék, nouveau-né. Badji,
sœur ; ce mot sert aussi à appeler une per-

sonne dont on ne connaît pas le nom ; il
équivaut à Monsieur. Etzé, frère ainé. Djitzi,
âme. Inidjik, près. Maghia, femelle du cha-
meau. Ghiolouk, bête au sens figuré. Djighin,
dos. Ghintil, charge. Zavar, céréales. Davar,
troupeaux. Ous, esprit. Dam, maison terrasse.
Ot, feu. Yétirdim, j'ai perdu. Eung, commencement. Alkis, prière. Ovdou, il a loué. Yerdi,
il a blâmé. Kiongoul, cœur. Kent, village.
Khoranta, foule. Elghiounèm, bassin. Piolé,
oncle. Pousat, vêtement. Sin, tombe. Kidji,
petit. Oudjmak, paradis. Tamou, enfer. Ghiout,
féliciter. Bitikdji, secrétaire. Biti, livre de
commerce. Sioudji, eau-de-vie.

La prononciation du dialecte des Yuruks
diffère de celle de la langue turque correcte-
ment parlée. Ainsi, les syllabes **eu** et **u** se prononcent, la première **o**, et la seconde **ou**, lors-
qu'elles se trouvent au milieu du mot, ou au
commencement, précédées d'une consonne.
Ainsi Keur (aveugle) se prononce kor ; gueur-
du, (il a vu) ghordu ; Gul (rose) goul ; Yurèk
(pelle), Yourèk ; tukuruk (salive), toukourouk.
Le mot Gun (jour) se prononce goun.

Mais quand ces deux syllabes **eu** et **u** ne
sont pas précédées d'une consonne, elles se
prononcent régulièrement. Ainsi, euldu (il est
mort) ; eugrendi (il a appris).

Au commencement du mot, la lettre **k** se
prononce **gh** par les Yuruks, comme karpouz,

(pastèque) gharpouz ; kantar (quintal) ghantar. Cette même lettre a le son du χ grec, à la fin du mot. Ainsi tok (rassasié) se prononce toχ ; sakal (barbe) saχal ; béyik (moustache) béyiχ.

De plus, les Yuruks prononcent le **k** de la terminaison du futur comme χ aussi. Ainsi, oladjaχ, eulédjéχ, guelédjéχ pour oladjak (il sera), eulédjek (il mourra), guelédjek (il viendra).

Cette aspiration du **k** est conforme à la prononciation djagataï.

De même, le Yuruk, toujours d'après le djagataï, dit dour au lieu de dir (il dit), prononciation régulière du mot.

CHANT DES YURUKS

Achagdan guélir tchaninin avazi,
Kimin allar guéyer, kimin kirmizi,
Yarin conakimiz Kioufou Boghazi,
Yédi bénlimdé gueutch églémiz guélir.

D'en bas retentit le son de la cloche,
L'une est vêtue de rose, l'autre de rouge,
Demain le défilé de Kiofou sera ma station,
La jeune fille ornée de sept grains de beauté vient
 avec ses bagages.

Tchaghirin kéléslérim, binsinler ata,
Tchéksinler kilidjidé, voursounlar été,
Yada Gunduz béyini sursunler euté,
Pèk tchok gafil avlanmich dèr Gunduzoglou.

Invitez mes convives à monter à cheval,
Qu'ils tirent l'épée, qu'ils coupent de la chair,
Qu'ils poursuivent Gunduz-Bey au-delà des frontières,
Gunduzoglou dit avoir chassé sans s'être nullement
    préparé.

—

Bir oufadjik sahindim outchdi havaya,
Kirdilar da kanadimi, duchdum ovaya,
Varinda habèr vérin, dostlar, Bey aghaya,
Besléyin yetimlérimi dir Kara-Vizir.

Moi, tout jeune faucon je me suis envolé dans les airs,
On m'a brisé l'aile, et je suis tombé dans la plaine.
Vous, mes amis qui êtes arrivés, allez annoncer mon
    malheur à Bey-Agha,
Kara-Vizir a dit: Prenez soin de mes orphelins.

—

Il paraît que les Yuruks parlent encore divers autres dialectes qui tiennent de l'idiome des Kurdes.

Les Aptal qui s'appellent aussi Tember parlent un dialecte nommé temberdjé.

Voici quelques mots empruntés à ce dernier langage :

Nimiz, sommeil. Nistir, pain. Kir, couteau.

Mayaf, café. Djivir, femme. Kioutour ou ghiaour, chrétien. Noukri, imam. Kioutour noukri ou ghiaour imam, prêtre. Ghiékian, argent. Marouf, agha (chef). Tsitir-marouf, bey. Djav, œil, Dezdim, approche (1).

____

(1) On trouve dans ce dernier mot la corruption du mo persan nezd (près), et de la terminaison turque im (de moi) Nezdim (près de moi).

IV

RELIGION

Les Yuruks professent l'islamisme, du moins extérieurement ; mais ils n'en pratiquent pas tous les préceptes.

Toutefois plusieurs tribus nomades sont même de fervents musulmans et comptent parmi elles des Ulémas. D'autres ne conservent que le culte extérieur et ne suivent pas les prescriptions rigoureuses de l'islamisme. Ceux-ci sont appelés pour ce motif Bi-namaz (sans prière) ou Ibadet-étmez (non-pratiquants). En effet, ils ne s'astreignent pas à la pratique des cinq prières qui doivent être récitées dans vingt-quatre heures par tout bon musulman.

Dans leur vie domestique, ils ne pratiquent pas non plus les ablutions prescrites qu'on rend en turc par l'expression Guzèl étmék (faire bien).

Parmi les tribus non-pratiquantes, il faut surtout désigner les Anamazli, les Altchi, les Sihli et quelques autres. Ces tribus ne se soumettent pas non plus au jeune du Ramazan.

Les Yuruks donnent à Dieu le nom de Djélab, tandis que le reste du monde musulman se sert du mot Allah.

M. Tchakyroglou dit qu'il n'a pu trouver la vraie étymologie du mot Djélab, et il se demande si cette expression ne serait pas la corruption du mot arabe : Djénab Allah (Le Seigneur Dieu). Il ajoute que c'est un mot voisin de Djélébi, (monsieur), expression usitée dans la province d'Iconium et provenant sans doute du djagataï.

Les femmes des Yuruks ne portent pas le voile (yachmak) avec lequel toute musulmane se couvre le visage.

La prescription du port du voile est un des préceptes regardés comme inviolable, malgré les changements de couleur, de forme et d'épaisseur que ce vêtement a subis dans divers pays mahométans. Cet usage semble provenir de l'Arabie et s'est implanté comme loi rigoureuse.

La femme nomade ne se couvre pas le visage devant un étranger, si ce n'est qu'en présence d'un musulman.

Au sujet de cette rigoureuse observance du port du yachmak, il faut citer une singulière exception.

M. Hammer rapporte que les femmes turques de Koula, à la manière des femmes yuruks, ne se couvrent pas le visage. Cette infraction à la loi religieuse et leurs usages particuliers prouvent facilement leur origine turcomane.

Leurs traits diffèrent sensiblement de ceux des autres ottomans, et les jeunes filles de cette localité sont d'une beauté remarquable.

Les Turcomanes ont toujours été renommées pour leur beauté, comme celle d'Amasis à l'époque de l'établissement des Turcs, dans l'Asie Mineure.

Les Kizil-Bach méritent une mention particulière. Quelques ethnographes les ont considérés, sans raison, comme formant des tribus nomades.

Tout ce qu'on a écrit à leur sujet est peu complet et n'offre rien de certain. Dans le pays, on a sur les Kizil-Bach des opinions diverses et peu concordantes entre elles.

Le mot Kizil-Bach signifie tête rouge et il a une portée injurieuse. Ce nom leur est donné par les Turcs.

Les Kizil-Bach s'appellent aussi Alévi, c'est-à-dire disciples d'Ali, ils sont considérés comme Schiites et non comme Sunnites, secte qui forme l'orthodoxie musulmane. Toutefois les Kizil-Bach s'efforcent de ne point différer des autres Musulmans, mais leurs actes trahissent la divergence de leur foi islamique.

Les Kizil-Bach sont répandus depuis le pied du Sipyle, devant Nymphio, jusqu'au Tmolus et les plaines de Salikli, de Dénizli et d'Apa.

C'est surtout dans la partie septentrionale de la province d'Aïdin qu'on les rencontre en grand nombre; dans la région du Sud ils sont plus restreints.

Ils se regardent comme les descendants les plus directs de tribus iranes émigrées de l'Azerbadjan et des environs du Caucase, et ayant conservé l'hérésie musulmane de ces pays.

Les Kizil-Bach boivent du vin, ne s'astreignent pas au jeune prescrit, mangent des viandes prohibées par le Coran, et cependant ils ont des mosquées (téké) et exhibent avec respect les tapis servant à la prière (namazlik).

Au printemps, dans le mois de Mars, et en automne ils dressent de grandes tentes dans un lieu écarté, et le soir, hommes et femmes, s'y réunissent et célèbrent des festins religieux, des cérémonies mystérieuses suivies de chants et de danses. Leurs chants sont accompagnés du Chazi, (1) qui est l'instrument de musique en usage chez eux.

Ils chantent des morceaux de poésie ou ils célèbrent leur vénération pour Ali, leur dévouement à Hadji Becta Véli, l'auteur et le chef de leur hérésie, leur culte pour Dieu, leur amour et leur fidélité pour leur frères et leurs amis.

La danse exécutée par les femmes, a un cachet original et oriental : le rythme en est

____

(1) Chazi en persan signifie joie.

grave et lent, et les gestes et les mouvements des danseuses expriment de la bienveillance et de l'amabilité envers les convives.

Les seuls initiés et les fidèles participent à ces cérémonies mystérieuses tandis que des gardiens vigilants et implacables placés aux alentours empêchent les étrangers de s'approcher sous peine d'une mort immédiate.

Deux motifs portent à croire qu'ils conservent des traditions et des préceptes proïslamitiques et nationaux : leur croyance à la métempsycose et les festins qu'ils tiennent la nuit, accompagnés peut-être d'orgies qui rappellent les Saturnales de l'époque de Tibère et l'hérésie carpocratienne. Ces faits semblent prouver que le monothéisme n'est pas le dogme essentiel de leur religion.

Les Kizil-Bach ou Alévi reçoivent aussi la dénomination de Bectadji, du nom de leur chef Hadji-Becta-Véli. Entre Iconium et Kir-Chéhir se trouve un téké (couvent) de Derviches Bectadji, qui porte le nom de Pir-évi, maison de vieillards (presbytère).

De ce lieu de retraite se répandent chaque année des Chéïks qui visitent les villages et les hameaux où se trouvent des Kizil-Bach. Ils catéchisent ces derniers et les exhortent à marcher dans la voie de la vérité.

Ces Chéïks exercent ainsi une autorité non-seulement spirituelle mais aussi judiciaire, sur ce peuple ; ce qui leur permet d'aplanir les difficultés et les différends survenus entre les Kizil-Bach. Ces missionnaires reçoivent de leurs ouailles une aumône ou tribut annuel. Comme nous l'avons dit plus haut, les Kizil-Bach croient à la métempsycose. Ils prétendent que les âmes retournent dans le corps des bêtes, et cela, d'après les mérites, les vertus et la bonne vie du défunt.

Ils croient aussi que les esprits des bêtes prennent une forme humaine et apparaissent à des époques déterminées : des animaux sauvages, disent-ils, ayant en eux une âme humaine, deviennent souvent doux et apprivoisés et se montrent soudain à des personnes connues durant leur première existence.

Ces croyances bizarres conservées dans les tribus de l'Asie-Mineure ne paraissent nullement être neuves dans l'histoire religieuse du monde musulman.

Au deuxième siècle de l'hégire, c'est-à-dire au neuvième siècle de l'ère chrétienne, éclata une scission en Perse, parmi les Schïtes ; ce fut le schisme amené par un personnage nommé Baabèk qui prêchait la métempsycose et le communisme. Les sectateurs, nommés Horamia, ont été assez puissants pour résister longtemps aux soldats des Califes.

Baabek prétendait que l'âme d'un ancien et glorieux chef du pays de Bod était en lui ;

c'est pourquoi sans doute il voulut accorder ses principes avec ceux de Boudah.

A part ces croyances religieuses, on trouve chez ce peuple d'autres usages qui dénotent leurs tendances paiennes. Leur culte pour les arbres, les rochers et surtout pour les pierres est généralement connu : il considère même comme une grande faute la taille d'une branche de ces arbres sacrés. Le Kizil-Bach n'a rien de commun avec le Persan, si ce n'est le jeune du Mouharem.

Suivant M. Van-Lennep, il y a ailleurs beaucoup de sectateurs de cette branche mahométane.

Cinquante-mille familles de cette tribu vivent non loin de Constantinople, et M. Reclus dit que le nombre de ces Schïtes est grand parmi les Kurdes.

M. Tchakyroglou présume que certaines familles d'origine kurde établie dans le caza de Démirdji, près d'Osmanlar, appartiennent à la tribu des Kizil-Bach.

Les Turcomans et les Turkmens ne se rencontrent pas dans le vilayet d'Aïdin. Ils ne diffèrent pas, paraît-il, dans leurs principes religieux, des Yuruks et des Kizil-Bach.

D'ailleurs, ajoute le docteur Tchakyroglou, il est très difficile d'établir une ligne de démarcation bien nette entre ces deux races, celle des Turkmen et celle des Kizil-Bach. Ce dont on est sûr, c'est que les premiers sont d'origine tatare.

Plusieurs de ces tribus, particulièrement celles établies dans la Syrie, rentrent en grand nombre dans l'orthodoxie musulmane.

V

MŒURS ET USAGES

Hospitalité. — Parmi les qualités essentielles qui distinguent le Nomade, l'hospitalité est sans contredit celle qui domine chez lui.

Dépouillé par l'influence du milieu où il vit des tendancos sauvages qui caractérisent l'habitant des steppes, se civilisant peu à peu, confiné en sa qualité de chasseur dans les bois et sur les montagnes, exposé souvent aux vicissitudes des saisons et cherchant un abri contre l'ennemi et contre les difficultés de tout genre qui l'assaillent, le Yuruk s'est formé une grande et noble idée de l'hospitalité et la pratique de bonne foi et avec plaisir.

La tente, l'étable du Yuruk, en sa présence ou en son absence, est ouverte au voyageur. De l'eau, du petit-lait (aïran), du lait-caillé (ghiaourt), plat national du Turcoman, des œufs, du beurre, du miel, tout ce qui fait partie des vivres du Yuruk, est mis à la disposition du voyageur.

M. Tchakyroglou a souvent reçu l'hospitalité sous ces tentes, s'est reposé et rafraîchi dans ces humbles habitations et s'y est réchauffé pendant la froide saison lorsque près de Sélenti-Tchay Ovadjik, il errait la nuit pour retrouver son chemin.

Dans ces heures pénibles, ajoute le docteur, quelle heureuse fortune que la rencontre d'une tente de pasteurs où un bon feu attend le voyageur égaré !

Mais, il y va de soi que le sentiment et la pratique de l'hospitalité, l'amour du travail et la sincérité ne sont pas l'apanage de toutes les tribus. En effet, plusieurs sont de mauvaise foi, portées au vol du bétail et à la rapine. Aussi les endroits fréquentés par cette catégorie de Yuruks sont-ils d'un abord dangereux.

Chasse au faucon.—La chasse a toujours constitué une occupation agréable aux Nomades et conforme à leur genre de vie. Ils passent en effet leur existence dans des lieux élevés et giboyeux.

Le Yuruk se sert encore généralement du faucon-chasseur (chahin) et du chien (tazi) dans ces exercices cynégétiques. A At-alan, qui est le lieu de villégiature des beys de Borlo, M. Tchakyroglou a vu, devant les tentes, des faucons qu'on dressait à la chasse. A Katcharoglou, cet usage se perpétue avec tout le cachet solennel de la tradition. A Coula, résidence de la famille des Kueultéloglou, on élève depuis longtemps ces oiseaux chasseurs.

Ils prennent, suivant l'espèce, les noms de Séif, de Chahin, de Tchakir-Couchou (pour les perdrix) et de Atmédja. On tient ce dernier dans la main et on le lance contre sa proie.

Jeu. — Le jeu propre et cher aux Yuruks est le Kikdjirk et le Sékmé. A cet effet, ils se servent de deux morceaux de bois dont l'un est fixé perpendiculairement en terre. Au sommet de celui-ci on plante un clou. L'autre pièce de bois est placée horizontalement sur la première, et au moyen d'une ouverture pratiquée au milieu, cette pièce pivote sur l'autre et forme ainsi une espèce de balançoire. Sur les deux extrémités du bois horizontal se placent, sur le ventre, des enfants qui, la face tournée l'un vers l'autre, font d'abord mouvoir lentement ce bois, en faisant l'équilibre. Une fois que la première impulsion est donnée, ils se suspendent au bois et continuent à tourner.

Tentes. — Les tentes des Yuruks sont carrées et faites le plus souvent avec un tissu grossier de laine noire. M. Van-Lennep dit que des tentes rondes, semblables à celles des Turcomans de l'Asie centrale se voient près d'Angora. Le lieu où l'on dresse une tente est considéré comme sacré par le Nomade et se nomme Ghiourt, mot qui se retrouve chez les Turcs de la Sibérie.

Unions. — Les mœurs des Yuruks présentent une ressemblance générale avec celles des autres Turcs, mais dans les détails, elles offrent un cachet original.

Les Yuruks évitent d'établir des points de

rapport avec les autres Turcs, considérant la chose comme une infraction aux usages de .leurs ancêtres. Le transgresseur devient pour ses compatriotes un objet d'exécration.

Chez plusieurs tribus nomades, l'union entre deux jeunes gens de différentes races est prohibée.

On raconte plusieurs incidents déplorables survenus à la suite d'enlèvements de jeunes filles que les parents ne voulaient pas céder au prétendant.

On voit à Borlo, près d'un petit téké, une tombe de famille. Une colonne s'élève surmontée d'un turban, au-dessus duquel se dessine une balle représentant celle qui a ravi l'existence à un jeune homme de Sikoglaia. Celui-ci, à plusieurs reprises, avait essayé d'enlever, les armes à la main, avec ses compagnons, la fille du Yuruk de Sirghé, nommé Katcharoglou.

On appelle Aghirlik (poids), chez les Yuruks, la somme d'argent que le futur époux ou son père doit offrir, par l'intermédiaire d'une tierce personne au père de la jeune fille quelques jours avant le mariage.

Fiançailles. — Les parents et les amis du prétendant préparent de la nourriture et des douceurs et se rendent à la demeure de la jeune fille. On leur sert alors le Cherbet, boisson semblable à celle usitée chez les Turcs.

La cérémonie des fiançailles offre, chez les Kizil-Kétchili, un côté dramatique. Le cortège du prétendant prend avec lui des ustensiles de cuisine et d'autres objets nécessaires et se rend vers la demeure de la jeune fille. Dès que la troupe approche, ceux qui sont sous la tente poussent, au signal donné, des cris sauvages adressent aux assaillants des injures et leur empêchent l'accès de la tente.

Alors les jeunes gens qui accompagnent le prétendant rendent la pareille en chargeant même la note. Ils échangent des injures comme s'ils voulaient en venir aux mains ; ce qui arrive quelquefois, car ils accompagnent leurs gros mots de pierres, de coups de poing et de coups de pied.

Ce simulacre d'attaque finit quand un des plus courageux parvient à enlever une chèvre ou une brebis au futur beau-père et à l'immoler.

Le sang versé est regardé comme une libation sacrée, la lutte cesse et les droits du prétendant sur la jeune fille sont reconnus.

Un repas réunit alors la famille et les amis sous la tente, mais le cortège de ceux qui sont venus avec le prétendant en sont exclus et mangent à une certaine distance de la tente la victime qu'ils viennent d'immoler.

La fiancée, chez d'autres Yuruks, se rend à cheval le jour fixé, à la demeure de son futur époux. Elle retire alors les rênes de son coursier et les lance de toute sa force contre la tente. Si elle parvient à les jeter de l'autre côté sans effleurer même la demeure, cela est d'un heureux présage.

Chez les Harmantali d'Esmé, les femmes dansent armées à la cérémonie nuptiale. C'est ce qu'on appelle la danse de Séïman.

Lorsque toutes ces formalités ont été remplies, au coucher du soleil, les convives quittent la tente, et l'époux, accompagné de ses plus intimes amis, est conduit dans la tente où se trouve la fiancée.

L'accès ne lui en est pas aussitôt accordé par ses compagnons, ce n'est qu'après beaucoup de difficultés et force promesses de sa part.

On retrouve cette cérémonie chez les Turcomans de l'Asie Centrale et chez les Ottomans de Koula qui, comme nous l'avons dit, ont plusieurs points d'analogie avec les Yuruks et même avec les chrétiens de la localité.

M. Vambéry avoue bien modestement qu'il ne possède pas beaucoup de détails personnels sur les Yuruks parcequ'il n'a pas assez étudié ces intéressantes tribus, mais il ajoute que leurs cérémonies nuptiales offrent une grande analogie avec celles des peuples de l'Azerbadjan.

Les Kizil-Bach. (Extrait du Journal turc le *Hakikat*).

« Kes Kizil-Bach connus généralement sous

le nom de Turcomans sont d'origine turque. Ils s'adonnent exclusivement à l'élevage du bétail et à la coupe du bois, et ils n'éprouvent nul désir d'apprendre un autre métier. Leur vie et leur culte sont enveloppés de mystères. Quelques-uns de leurs singuliers et inexplicables usages sont seulement connus.

Nul ne sait ce que deviennent les morts de ce peuple, en effet on ne voit ni on ne connait un cimetière qui lui appartienne. La manière même dont il inhume les cadavres est complètement ignorée.

On sait seulement que le corps du défunt est mis sur le dos d'un mulet, affecté absolument à ce service, et il est ainsi transporté sur la montagne. Là, on ignore si le cadavre est enterré ou brûlé. Mais comme les Kizil-Bach prennent aussi un faisceau de bois gras, il est à présumer qu'ils brûlent leurs morts,

Leurs cérémonies de mariage sont également ignorées. En effet, on ne rencontre chez eux ni imam, ni autre personne chargée du culte. Ils n'ont même pas de mosquée ou un temple pour la prière.

D'après une opinion non fondée et fort bizarre, il paraît qu'un Israélite des Dardanelles est appelé pour toutes les fêtes de mariage qu'ils célèbrent.

Malgré toutes les recherches faites pour connaître la qualité de ce personnage, on n'est parvenu à rien savoir de positif sur lui. Que signifie la présence d'un Israélite dans les cérémonies nuptiales des Kizil-Bach ?

A l'époque du Ramazan, lorsque les étudiants religieux musulmans se répandent partout pour enseigner la religion, il y en a qui se rendent aux Dardanelles, envoyés là pour prêcher la foi aux Kizil-Bach. A peine ces derniers reçoivent-ils ces missionnaires qu'ils procurent à ceux-ci pour demeures les plus belles tentes, une abondante nourriture et de la boisson. Ils leur promettent une grande récompense pourvu que ceux-ci ne s'immiscent pas dans leurs pratiques religieuses par des sermons ou des exhortations.

Nul voyageur n'a vu le Kizil-Bach prier d'après le rite musulman.

La boisson la plus abondante et la plus commune chez eux est le raki (eau-de-vie) et le vin, dont hommes, femmes et enfants font usage.

Une fois par an, un respectable vieillard venant de Syrie et portant la coiffure persane se rend parmi eux. Il est l'objet de leur respect et ils lui donnent le nom de père.

Ils vont en grand nombre au-devant de lui, à deux jours de distance de leurs tentes, et arrivés auprès de lui, ils lui baisent respectueusement la main.

Quel est cet homme ? Pourquoi l'appellent-ils père? Quel rapport y a-t-il entre lui et ces Turcomans? Que leur enseigne-t-il ?

Ce sont autant de mystères. Mais ce qui est du su de tout le monde, c'est qu'ils ont pour lui une vénération et un dévouement sans bornes.

Les hommes s'absentent souvent de leurs demeures pour la coupe du bois et l'élève du bétail. Les femmes restent alors seules dans les habitations qui sont toujours des tentes ; mais elles sont à l'abri de tout danger. Les armes ne les quittent jamais, et comme d'autres Amazones, elles s'en servent au besoin et sont assez fortes pour résister à toute attaque. Parmi les femmes de cette tribu, il y en a une qui est choisie et dont l'âge et les qualités en rendent digne, pour exercer auprès des autres le rôle de supérieure.

Elles ont pour celle-ci une profonde vénération et obéissent volontiers à tout ordre émanant de sa part, et même à son moindre signe.

Les hommes eux-mêmes baisent la main à cette femme respectée, et il est aussi d'usage que tout étranger arrivé chez les Kizil-Bach, fasse de même. Celui qui ne se conforme pas à cette coutume devient odieux aux Kizil-Bach.

L'hospitalité de ce peuple est très-grande ; ils accordent à leurs hôtes gratuitement la nourriture aussi longtemps qu'ils restent parmi eux.

On est unanime à reconnaître la douceur des mœurs du Kizil-Bach, son caractère paisible et son honnêteté.

L'idée du vol ne lui est pas connue, et il se sert des armes dans le seul but de se protéger et de se défendre contre tout danger. »

Après avoir donné la précédente description des mœurs de la tribu des Kizil-Bach, le *Hakikat* se livre aux réflexions suivantes :

« Comme ces Turcomans portent des noms turcs et se disent mahométans, nous les considérons comme tels. Cependant nous ne pouvons n'être pas surpris de la condition mystérieuse dans laquelle ce petit peuple vit, d'autant plus qu'il est peu éloigné de Constantinople : un seul jour de traversée par mer les sépare de la capitale.

Ceux parmi les Kizil-Bach qui font leur service militaire, à leur licenciement, oublient aussitôt tout ce qui leur a été enseigné sur le progrès, la civilisation et l'islamisme. À peine rentrés dans leurs foyers, ils reprennent les mœurs et les usages de leurs pères. »

www.ingramcontent.com/pod-product-compliance
Lightning Source LLC
LaVergne TN
LVHW050112060726

842524LV00003B/1081